PHOTOGRAPHIE

SUR

COLLODION.

Paris. Typ. Vinchon, r. J.-J. Rousseau, 8. — 3272.

PHOTOGRAPHIE

SUR

COLLODION

Nouveau perfectionnement. — Amélioration. — Progrès.
— Composition de cinq collodions différents. — Facilité dans les opérations. —
Obtenir promptement la négative sur verre.
— Changer la négative en positive. — Faire la positive sur papier.

Ce volume contient les procédés les plus faciles et remplit le double
but : *Réussite certaine, beauté des épreuves.*

PAR

M. LEGROS,

Professeur, membre de plusieurs Académies, Sociétés savantes, etc.,
honoré de Médailles d'or, d'argent et de bronze.

*Deux exemplaires ont été déposés au Ministère de l'Intérieur
et à la Bibliothèque nationale.*

Un volume. — Prix : 3 fr.

SE TROUVE A PARIS, CHEZ L'AUTEUR,

ATELIERS DE PORTRAITS ET LEÇONS,

GALERIE DE VALOIS, 116, PALAIS-ROYAL.

EXPOSITION PERMANENTE.

SUCCURSALE : RUE SAINT-HONORÉ, 199.

Chez tous les principaux Libraires de France
et de l'Étranger.

PRÉFACE.

Enregistrer consciencieusement chacun des pas faits par la photographie est pour nous un devoir que nous avons pris l'engagement de remplir. Fidèle à notre doctrine passée, maintenant que cet art s'est enrichi d'une découverte marquante et qui, cultivée avec soin, pourra amener des résultats de la nature la plus satisfaisante, nous tenons à prouver une fois de plus au monde daguerrien que notre œil, attentif à tout ce qui touche à son art, ne laisse rien passer ; semblable en cela à l'astronome qui, promenant sans cesse ses regards vers le ciel, sans s'occuper de ce qui se passe sous ses pas, paierait de sa vie la présence de quelque astre nouveau. Le ciel n'est pas notre domaine, nous cultivons une terre fertile, la chimie. Plus nous creusons le sol, plus il rapporte de fruits ; nous demandons à ces milliers de produits chimiques, s'engendrant l'un l'autre, de nous fournir des substances qui, par leurs diverses réactions, agissent sur tel ou tel métal et y impriment la face des objets qui les entourent, et le problème a trouvé sa solution sur le verre comme il y a quelques jours il la trouvait sur le papier. Naguère encore le papier prenait naissance, voyez-le aujourd'hui grand et fréquentant la demeure de tous les artistes, ses progrès sont immenses; le seul inconvénient qui se présente et l'empêche de s'élever à la hauteur du plaqué ou de la plus belle peinture, c'est le grain du papier, que l'on n'a pu éviter jusqu'ici. Et à quels hommes doit-on ces progrès dans l'art photographique? Il serait inutile de citer leurs noms ; chaque jour l'artiste les répète et leur rend dans le secret de son cœur un digne hommage de reconnaissance. Le nombre en est trop grand , et ils sont bien connus de toutes les personnes qui s'occupent de photographie.

Mais revenons à cette substance dont nous n'avons jeté qu'un mot en passant; chacun a déjà deviné que nous voulions parler du collodion. En présence des résultats qu'il donne, il est impossible de garder le silence, aussi avons-nous voulu par notre volume intitulé *Photographie sur collodion*, en rendre tous les artistes participants, tant ceux qui habitent Paris et les capitales et partant se trouvent au foyer de la science, que ceux qui ont les petites villes de province pour résidence. Les premiers se partagent en deux catégories bien distinctes : les principaux artistes et les artistes inférieurs. Ceux-là, ayant à leur disposition tous les moyens d'argent ou de connaissances , profitent d'abord de toutes les découvertes; ceux-ci, moins avancés au point de vue pécuniaire, tirent de ceux qui précèdent, mais dans un temps plus reculé, la possibilité d'opérer. Quant aux artistes de province, il leur faut deux ou trois ans avant d'être mis en contact avec l'invention nouvelle, et encore quelle faiblesse ne caractérise pas assez souvent leurs épreuves! C'est dans le but d'éloigner tous ces obstacles que pour une somme modique nous venons apporter à tous les différentes espèces de collodion au nombre de cinq; et notez-le bien, il ne s'agit point ici de charlatanisme: prenez ce volume, suivez-le pas à pas, sans y faire le moindre changement, et l'emploi de chaque collodion sera suivi du succès. Il est difficile, après une telle assertion, de penser que l'on a pu être trompé; nous n'avons en vue que le bien public, c'est la route que nous avons constamment suivie, et nous avons toujours eu lieu de nous en applaudir.

L'apparition de ce volume ne sera, nous l'espérons, qu'une nouvelle preuve de notre bonne foi; il mettra en évidence les nombreux sacrifices de tout genre que s'est imposés l'auteur; l'estime publique est le seul prix qu'il demande en échange.

Les trois volumes que M. Legros a publiés sur la Photographie, et dont deux viennent de paraître, seront de la plus grande utilité aux artistes ou amateurs qui s'occupent de cet art. Suivent leurs noms :

1° PHOTOGRAPHIE perfectionnée sur papier et verre.

2° DAGUERRÉOTYPE-PHOTOGRAPHIE sur plaqué, contenant la composition du chloro-bromure de chaux. Réussite certaine.

3° L'ancien ouvrage du même auteur, intitulé : PHOTOGRAPHIE sur plaqué d'argent et papier. Cette méthode donne le moyen de faire les fonds d'or et l'eau distillée.

Pour que les secrets les plus cachés viennent à la connaissance de tous, M. Legros a laissé ses ateliers ouverts à tous les artistes et aux chimistes les plus distingués. Ses volumes contiennent les différentes manipulations, les moyens d'opérer promptement et facilement la composition des principaux produits. Il a voulu être doublement utile aux opérateurs, en leur évitant toute perte de temps et d'argent, et en couronnant leurs travaux d'un succès assuré.

PHOTOGRAPHIE

SUR COLLODION.

CHAPITRE Ier.

Polissage de la glace.

Deux procédés sont mis en usage pour polir la plaque de verre ou glace destinée à recevoir la substance désignée sous le nom de *collodion.*

Dans le premier, l'eau distillée et l'alcool sont seuls employés; dans le second on se sert de tripoli.

Premier procédé. — Prenez une plaque de verre, lavez-la d'abord à grande eau, puis essuyez-la bien avec un petit linge, jusqu'à ce qu'il ne reste aucune trace d'humidité; ensuite, avec un autre linge sec, vous la rendez aussi nette que possible. Cela fait, sur une planchette dite planchette à polir, placez votre glace, le revers en dessus ; un des côtés doit être engagé dans une rainure, pendant que son côté parallèle est retenu sous une clavette maintenue par deux vis en cuivre. Ainsi fixée, versez sur la glace quelques gouttes d'alcool à 36° (mieux vaudrait à 40°), puis avec un tampon de coton fortement serré, frottez en large sur votre plaque pendant trois minutes ou trois minutes et demie environ, et, quittant votre premier tampon pour en prendre un autre sec et propre, vous agissez de nouveau avec celui-ci sur votre plaque pendant deux ou trois minutes. Ce côté est suffisamment poli. Après avoir retiré les vis, on replace la plaque sur la planchette à polir, mais en sens inverse, c'est-à-dire que le côté de la plaque destiné à recevoir le collodion, et qui, dans le premier cas, se trouvait en dessous, se trouve maintenant en dessus et va subir le poli, qui est absolument le même pour les deux faces de la plaque.

Voilà le premier procédé employé pour polir la glace.

Deuxième procédé. — Il en est un autre plus compliqué ; mais il n'est mis en usage que lorsque la glace a reçu un certain nombre d'épreuves ; comme dans ce cas elle a besoin d'être parfaitement décapée , on se sert du tripoli et de l'alcool.

Après avoir, comme dans le premier procédé, fixé la glace sur la planchette, vous en nettoyez le revers avec de l'alcool seulement; mais pour le beau côté, vous versez une certaine quantité de tripoli et quelques gouttes d'alcool, et, au moyen d'un coton en forme de tampon bien serré, vous l'étendez sur la glace, puis vous frottez dans le sens de la largeur pendant cinq minutes environ. Si la couche de tripoli se séchait trop promptement, vous verseriez de nouveau quelques gouttes d'esprit-de-vin. Cette première préparation achevée, avant que la couche soit complétement sèche, jetez sur la glace quelques grains de tripoli, et avec un tampon de coton frottez en rond, d'abord légèrement pour chasser le tripoli, et ensuite plus fortement et en travers pour la polir ; ce frottement doit durer environ de six à huit minutes, et après ce laps de temps elle doit avoir atteint un degré satisfaisant de poli.

Polir une glace, aux yeux de personnes peu expérimentées, ne doit offrir que peu de difficultés : c'est une erreur qu'il est bon de s'appliquer à détruire. Si dans la plaque d'argent nous avons à redouter la présence de certains corps toujours nuisibles à la perfection du portrait, le même fait se renouvelle dans la glace : le dépôt de la poussière, les corps gras, sont des inconvénients regrettables, qu'il s'agisse de daguerréotype ou de photographie proprement dite.

CHAPITRE II.

Du coton-poudre.

Parmi les nombreux procédés en usage pour faire le collodion, nous entreprendrons de dé-crire ceux qui nous ont paru préférables et dont la réussite s'est montrée plus certaine. Mais comme, lorsqu'il s'agit de faire plusieurs essais, ces essais nécessitent de trop grandes dépenses à l'artiste, nous abaisserons la quantité des dosages des compositions. Lorsqu'il voudra travailler sur une plus grande échelle, il sera à même de le faire en augmentant proportionnellement chacun des produits. Avant d'indiquer les différentes espèces de collodion, nous parlerons de la préparation du coton-poudre.

Préparation du coton-poudre. — Dans un verre à boire d'une grande capacité ou dans tout autre vase en verre, ou bien encore dans une cuvette en porcelaine, mettez :

Acide sulfurique. . . . . 35 gram.

Salpêtre du commerce réduit en
   poudre excessivement fine. . . . 25

Prenez une baguette ou tube en verre et ser-
vez-vous en pour agiter le mélange jusqu'à ce
que vous soyez parvenu à former ainsi une
bouillie liquide et filante. Ajoutez :

Coton sec parfaitement épuré mais non cardé, 8 gr.

Le coton doit rester dans l'acide de cinq à
sept minutes; au bout de ce temps, quand il a
été bien pressé par la baguette de verre, plon-
gez-le dans une grande cuvette pleine d'eau, de
manière qu'aucune partie ne reste exposée à
l'air et qu'il y ait immersion complète.

Cette opération doit se faire le plus rapidement possible; lavez ensuite à grande eau, de
manière à dissoudre le sel qui s'attache au coton
et y adhère fortement. Quand il est suffisamment
lavé, on le laisse sécher à l'air libre ou bien on
l'expose dans un endroit ou étuve dont la tem-
pérature est douce et peu élevée. Pour faciliter
l'évaporation de l'eau contenue dans le coton,
on le presse pour en déterminer la sortie; il faut
ensuite le bien épanouir, de manière que l'air
circule facilement entre ses fibres. Il peut arriver que le vase dans lequel la préparation a

lieu soit trop petit et partant ait peine à la contenir, le contenu peut fermenter et entrer en ébullition; comme ce fait, à nos yeux, paraît peu favorable aux succès de l'opération, nous conseillons en cette circonstance de recommencer la composition. Le vase doit être assez grand pour que le coton puisse être suffisamment immergé par l'acide.

Tel est le coton-poudre destiné à la préparation du collodion photographique; il n'est pas absolument nécessaire qu'il soit très fulminant, il suffit qu'il puisse se dissoudre facilement.

Le collodion a été précédé par l'albumine, qui à son tour a eu pour devanciers l'amidon, la colle de poisson, etc.

CHAPITRE III.

Collodionner la glace.

Quelle que soit l'espèce de collodion employé, la manière de l'étendre sur la glace, ou de collodionner la glace, ne varie point.

Les glaces, comme nous l'avons indiqué précédemment, ont deux côtés : l'un sur lequel on fixe le tube ou bâton de gutta-percha, c'est l'envers ; l'autre destiné à recevoir le portrait. Mais pour éviter que l'on se trompe de face, il est bon de pratiquer à l'un des angles, sur l'envers, une petite ligne avec un diamant ou tout autre instrument tranchant, de sorte qu'en passant l'ongle sur le coin de la plaque, on puisse, sans autre inspection, reconnaître à quel côté l'on a affaire. Ces dispositions préalables étant achevées, prenez un bâton de gutta-percha ayant environ 12 centimètres de diamètre et 25 dans sa longueur ; prenez une glace polie que vous placez sur une table recouverte d'une feuille de papier très propre ; l'envers doit être en dessus. Chauffez une des extrémités du bâton de gutta-percha à la lumière d'une lampe à alcool ou d'une bougie; lorsqu'elle commence à entrer en fusion, fixez-la perpendiculairement sur l'envers de la glace en mettant celui-ci en contact avec la partie chauffée : la gutta-percha en se refroidissant se soude avec la plaque; de sorte qu'en soulevant le bâton de gutta-percha, on entraîne après lui la glace, et l'on a un charmant plateau sur lequel on va verser le collodion; après avoir avec un petit blaireau fait disparaître jusqu'aux moindres traces de poussière et les corps étrangers qui pourraient s'y rencontrer.

Le bâton de gutta-percha étant tenu de la main droite, de la gauche prenez la fiole contenant le collodion, versez de la liqueur une quantité suffisante pour couvrir toute la surface du plateau. Si la quantité de collodion versée sur le plateau était trop faible, il n'y aurait qu'une partie de la plaque qui en serait couverte, et alors plus de portrait possible. Que l'artiste veille bien à ce que la couche de collodion couvre toute la surface de la plaque et qu'elle soit excessivement mince, la glace n'en sera que plus sensible.

Si, au contraire, le collodion est en quantité trop considérable, on imprime, au moyen du bâton de gutta-percha, un mouvement de va-et-vient qui fait passer une nappe sur la plaque jusqu'à ce que la liqueur se soit suffisamment condensée. Comme la couche exposée à l'air se condense peu à peu en se vaporisant, il arrive un moment où la liqueur atteint un degré de condensation tel qu'elle ne peut plus abandonner le plateau.

C'est alors, avant que la couche de collodion soit trop sèche, tandis qu'elle est encore à l'état humide, que l'on doit transporter la plaque dans le liquide sensibilisateur; quelques artistes même veulent qu'on y lance la plaque aussitôt qu'elle a reçu le collodion. Nous laissons l'opérateur juge lui-même, en ce cas, du résultat qu'il pourra en obtenir.

Lorsque l'on fait marcher la nappe sur le plateau, il peut arriver qu'il se forme de petites cloches, qui, du reste, se présentent plus rarement que lorsqu'on emploie l'albumine ; il faut alors percer ces bulles avec un instrument quelconque terminé en pointe ; une petite baguette en bois que l'on a bien aiguisée, par exemple. Ceci doit, du reste, être fait avant le passage de la nappe.

Quelquefois le collodion passe en dessous de la glace, passage déterminé par telle ou telle circonstance : on enlève les gouttelettes avec du papier ; l'artiste a soin d'éviter de toucher aux vapeurs de la couche inférieure.

CHAPITRE IV.

Sensibiliser la glace.

Le collodion seul ne rend pas la plaque pho-
togénique, c'est-à-dire que si après avoir ainsi
étendu la couche de collodion on exposait la
glace à la chambre noire, on n'obtiendrait
aucun portrait. Pour rendre la plaque photo-
génique, on se sert d'une cuvette en porcelaine
ou en gutta-percha; cette dernière substance
est préférable, attendu que l'on peut donner à
ces cuvettes la grandeur que l'on juge convenable, ce qui ne peut avoir lieu avec la porcelaine. De plus, la gutta-percha n'est pas sus-
ceptible d'éprouver de détérioration sensible.
La cuvette doit avoir 6 centimètres en longueur de plus que la glace, et 4 au moins en
largeur.

Avant d'introduire le liquide sensibilisateur

dans la cuvette, vous devez donner à celle-ci une inclinaison assez prononcée, de sorte que le liquide ne touche pas à la plaque au moment où on la place dans la cuvette.

Cette inclinaison est rendue facile en mettant un objet quelconque sous une de ses extrémités ; et, quand toutes ces dispositions sont terminées, on verse la solution sensibilisatrice, qui est une solution de nitrate neutre d'argent, dans la partie inférieure de la cuvette, de manière que la moitié supérieure, réservée à la plaque, ne soit nullement en contact avec le liquide sensibilisateur.

Placez maintenant un des côtés de votre glace sur une table ou plan quelconque, en tenant un des angles d'une main ; de l'autre faites subir au bâton de gutta-percha trois ou quatre mouvements oscillatoires : il se détachera du plateau, que vous porterez sur-le-champ dans la cuvette et sur la partie supérieure non imprégnée du liquide. La face supérieure de la plaque est tournée du côté de l'opérateur. Retirez promptement l'objet placé sous la cuvette, de manière qu'elle reprenne sa position horizontale et que

conséquemment la solution nitratée vienne d'un
seul coup et sans temps d'arrêt couvrir la plaque
également et dans toute son étendue ; il s'opère
alors une réaction chimique, la couche de collodion prend une teinte blanche, laiteuse ; il se
présente sur la plaque une teinte huileuse qui
disparaît peu à peu, et l'on ne doit retirer la
glace de la solution qu'après son entière disparition. La plaque peut rester dans le bain de
trente secondes à deux minutes environ, quelquefois plus, et on ne l'en retire que quand elle
a une teinte blanc nacré, indice certain de la
sensibilité de la glace. Si la couche de collodion
ne blanchissait pas ou que le blanc fût peu pro-
noncé, on ne devrait en rechercher la cause
que dans la trop grande ténuité de la couche
de collodion ou bien dans le dosage du produit
sensibilisateur ; dans ce cas, il faudrait augmenter le degré de sensibilité de la couche de
collodion étendue sur la glace, en ajoutant à
l'iodure d'argent de l'iodure de fer, qui n'est pas
aussi certain que le premier, et est plus variable.
Il est bon d'observer en passant que le collodion en vieillissant perd de sa force : s'il reste

longtemps en vidange, le fond du flacon n'est jamais aussi bon que la partie supérieure.

Lorsque la glace est arrivée à cette teinte blanc nacré dont nous avons parlé ci-dessus, on la prend par un angle pour la placer debout contre un mur, afin qu'elle puisse s'égoutter facilement ; on ne doit la laisser ainsi que pendant trente à trente-cinq secondes, pour qu'elle soit encore humide au moment de son introduction dans le châssis porte-plaque et son exposition à la chambre noire, opérations identiquement semblables aux opérations correspondantes dans le plaqué.

Il existe encore un autre procédé pour sensibiliser la glace ; il consiste à la poser sur un côté, et obliquement, dans la bassine contenant le nitrate, puis, la retenant par l'autre côté avec un crochet d'argent, l'abaisser jusqu'à ce qu'elle touche au liquide pour la relever ensuite ; continuer ce mouvement jusqu'à ce que la couleur blanc nacré se soit produite, absolument comme nous l'avons indiqué dans le premier procédé. Comme la face collodionnée doit être tournée vis-à-vis du liquide, il faut bien se garder qu'elle aille toucher le fond de la cuvette, autrement le collodion serait enlevé de la plaque; la plaque doit, toutefois, plonger dans la solution. Ne pas oublier que toutes les parties doivent être imprégnées du sensibilisateur.

CHAPITRE V.

Lorsque l'on juge à propos de mettre la plaque dans le châssis, on la place absolument de la même manière que lorsqu'il s'agit d'une plaque d'argent; dans l'un et l'autre cas le côté préparé doit recevoir les rayons lumineux. On met ensuite le châssis dans la chambre noire après avoir posé la personne et l'avoir mise au point, absolument comme dans l'opération sur plaqué et papier. La durée de l'exposition est sujette à une foule de variations dues, tantôt à la lumière, tantôt au sensibilisateur, d'autres fois au degré de poli de la plaque, ce qui rend bien difficile de fixer la durée exacte de l'exposition de la glace à la chambre noire. La plus ou moins grande pratique de l'artiste peut le guider dans le temps à y donner. Par les beaux jours, dix à trente-cinq secondes suffisent quelquefois; tandis que par des jours plus sombres, il est parfois besoin de quarante à cinquante secondes; elle peut même se prolonger de deux à trois minutes, suivant l'intensité de la lumière.

Le temps nécessaire à la formation de l'image dans la chambre noire une fois expiré, on referme le châssis et on l'enlève.

L'image déposée sur la glace est encore à l'état latent, enveloppée pour ainsi dire par les produits chimiques employés jusqu'à ce moment. Elle ne peut se manifester que si d'autres produits viennent, en se combinant avec les premiers, la forcer de quitter la nuit ou le voile qui la recèle.

CHAPITRE VI.

Pour faire paraître l'épreuve négative, diverses solutions sont employées ; nous entreprendrons de les énumérer dans le cours de cet ouvrage, lorsque nous décrirons les différentes compositions dont se sert l'artiste ; bornons-nous en ce moment à indiquer ce qu'il doit faire pour obtenir une épreuve négative.

Lorsque l'on a retiré la plaque du châssis on la dépose sur le pied à caler, en ayant soin que la face recouverte des produits chimiques se trouve en dessus ; puis on verse la solution de manière qu'aucun point ou partie de la glace n'en soit privé.

Le temps que l'image met à sortir est plus ou moins long ; il dépend de la solution employée pour déterminer sa sortie. Quelquefois l'image apparaît presque instantanément, tandis que dans d'autres circonstances elle est très longtemps à paraître. Aussi ne doit-on jamais l'abandonner complétement à l'action des solutions; il faut de temps en temps examiner avec une petite bougie, dite rat-de-cave, jusqu'à ce que les blancs du modèle soient bien accusés en noir, et réciproquement. Veillez surtout à ce que l'épreuve ne dépasse pas la teinté dont nous venons de parler, autrement elle serait gâtée et il n'y aurait plus de portrait; il faut exercer une grande surveillance pour retirer l'acide assez à temps et éviter ainsi la disparition de l'image.

Quand l'épreuve est, suivant l'avis de l'artiste, convenablement développée, il renverse la solution qui a servi à faire sortir l'épreuve, et la remplace par une autre destinée à fixer la négative.

Au lieu de mettre la glace sur le pied à caler, on peut la plonger dans une bassine contenant la solution; ce dernier moyen n'est pas à rejeter, et nous lui donnons la préférence.

CHAPITRE VII.

Fixer l'épreuve négative.

Pour fixer l'épreuve négative, plongez–la doucement dans une cuvette contenant une solution saturée d'hyposulfite de soude (elle doit y rester de dix à vingt secondes), puis lavez–la de nouveau et laissez-la séjourner quelques minutes dans l'eau ; placez–la ensuite sur un angle : elle s'égouttera, et, quand elle sera bien sèche, on pourra en obtenir l'épreuve positive sur papier après avoir fait un fond à l'encre de Chine. Nous en donnons la description dans notre Méthode de photographie sur papier et verre, chapitre 25, page 92.

ÉPREUVE POSITIVE.

CHAPITRE VIII.

Épreuve positive sur papier.

Pour faire l'épreuve positive sur papier, on se sert du papier de Saxe très fort et le plus beau que l'on puisse trouver ; on doit apporter dans son choix le même soin que quand il s'agit d'obtenir la positive de la négative sur papier ; il faut en éviter les moindres défauts.

Après avoir coupé le papier de la grandeur que l'on veut donner au portrait, on marque l'envers d'une croix au crayon, puis on verse dans une cuvette dont le fond est parfaitement droit la solution suivante :

Sel blanc. . . . .   5 gram.
Eau distillée.   100

dans laquelle on plonge en entier la feuille de papier en la prenant par deux de ses angles et en évitant avec soin les cloches ou bulles d'air qui pourraient se former.

Après dix à douze minutes passées dans le bain, la feuille doit en être retirée : on la laisse s'égoutter pendant quelques secondes, puis, pour la sécher, on la dépose entre deux feuilles de papier buvard.

Lorsque votre feuille que vous avez fait passer par la solution saline est bien sèche, mettez dans une cuvette la solution d'azotate d'argent indiquée ci-dessous :

Azotate d'argent. . . . .   20 gram.
Eau distillée. . . . , . .   100

Vous posez sur cette solution le beau côté de votre feuille préparée au sel blanc, de manière que toutes les parties de la surface en soient imprégnées et qu'il ne passe aucune goutte de la solution sur l'autre côté ; quatre ou cinq minutes suffisent à cette exposition. Cette préparation doit se faire sans lumière et dans l'obscurité ; les cinq minutes écoulées, on le retire de la solution en le prenant par un angle, on le laisse quelques instants dans cette position pour qu'il puisse s'égoutter, puis on le suspend ou on le pique à une table avec une épingle jusqu'à ce qu'il soit sec, et ensuite on le renferme dans un carton, où il doit rester jusqu'au moment d'obtenir l'épreuve.

Nous avons dit que la plus grande obscurité était nécessaire pour les préparations; elle n'est pas suffisante si on ne l'obtient pas en formant un cabinet dit cabinet noir, qui ne laisse entrée à aucun rayon lumineux.

Le papier préparé ne conserve guère ses propriétés que cinq à six jours. Après ce temps on ne doit pas espérer pouvoir l'employer; il peut arriver cependant qu'on obtienne une bonne épreuve; il est plus prudent de se servir de papier fraîchement préparé.

Après avoir fait passer un pinceau sur la glace pour en chasser la poussière, on la dépose dans le châssis, de manière que le beau côté soit en face de celui qui opère, puis on met sur la glace le côté préparé du papier positif; on recouvre le tout d'un drap noir, on replace les deux glaces ainsi que les planchettes, et on serre de nouveau les quatre vis sur les deux épreuves.

Par les plus beaux temps, l'exposition est de cinq à vingt minutes; à l'ombre, elle devient plus longue. Du reste, l'opérateur peut facilement consulter son épreuve, et quand il la croit bien sortie, il la retire du châssis pour la fixer.

Dans une cuvette contenant :

  Hyposulfite de soude. . 25 gram.
  Eau distillée. 100

plongez votre épreuve et laissez - la dans la solution de quinze à soixante secondes, un peu plus ou un peu moins, suivant les besoins de l'épreuve; agitez et consultez de temps en temps votre solution. Quand elle est, au jugement de l'artiste, suffisamment fixée, il la met à dégorger dans une autre cuvette contenant de l'eau distillée, pendant quatre ou cinq heures, et plus, si besoin en est; il est bon de l'agiter de temps en temps.

Ceci terminé, prenez-la par un angle, suspendez-la pour que l'eau s'écoule facilement, et mettez-la ensuite sécher entre papier buvard, et quand elle est bien sèche, on doit la transporter dans un autre papier buvard destiné à la conservation des épreuves positives.

Pour obtenir à la lumière les beaux fonds

positifs, couleur à volonté, consulter notre volume de Photographie sur papier et verre, chapitre 15, page 64.

Voir le même ouvrage, chapitre 31, page 105
et suivantes, pour la description des instruments
de photographie.

CHAPITRE IX.

Pour changer l'épreuve négative en positive, ou autrement pour obtenir l'épreuve positive de la négative, remontons à l'exposition à la chambre noire; la durée doit en être moins longue, environ moitié; puis pour faire sortir l'image, on plonge la glace dans une solution de protosulfate de fer.

Protosulfate de fer. . . .   35 gram.

Eau distillée.   250

Acide sulfurique.   6

Dix à douze secondes suffisent pour faire sortir l'épreuve négative; quelquefois l'image apparaît instantanément : l'artiste jugera quand elle le sera convenablement. Après son apparition, posez la glace sur vos doigts, l'image en haut, et versez dessus une solution saturée d'hyposulfite de soude jusqu'à ce que la glace devienne propre; dans quinze à trente secondes, on aura obtenu une belle positive, lavez ensuite à grande eau, et mettez-la debout sur un angle pour la laisser sécher.

Observez que l'on ne peut ainsi obtenir la positive sur verre que quand on s'est servi de la solution de protosulfate de fer pour faire sortir l'image, ce qui ne pourrait avoir lieu avec une autre solution.

On peut encore, avec cette épreuve, obtenir une positive sur papier.

Pour faire paraître l'épreuve négative, nous préférons plonger la glace dans la solution, que de verser le liquide sur la glace comme il a été dit chapitre VI.

CHAPITRE X.

Vues, paysages, monuments.

Quand il s'agit d'obtenir des vues, paysages, etc., opérer à sec est de beaucoup préférable. Lorsque la plaque est collodionnée, on
la fait passer par le nitrate, et on la laisse ensuite sécher à l'abri de la lumière : on va tirer
la vue ou le monument (la durée de l'exposition est moins longue que pour les personnes,
suivant le plus ou moins de lumière reçue par
les objets), et, quand on est revenu, on fait apparaître l'image en plongeant la glace dans une
solution de protosulfate de fer ou d'acide pyrogallique.

Lorsque l'image est sortie, on la fixe par les
moyens indiqués précédemment, c'est-à-dire
avec une solution saturée d'hyposulfite de
soude.

L'épreuve positive s'obtient de la même manière que lorsqu'on a une personne pour
modèle.

CHAPITRE XI.

Compositions des différents collodions.

Après avoir donné à l'artiste le moyen de faire des épreuves négatives et positives, indiquons-lui, en dernier lieu, la composition des différentes substances dont il doit se servir pour les obtenir.

En première ligne se trouve le collodion, qui se partage en plusieurs espèces. Nous en examinerons d'abord deux qui ne peuvent être employés pour faire des épreuves; ils sont la base des autres et servent à leur préparation. Ces deux collodions sont le collodion du commerce et le collodion photographique.

Les autres, au nombre de cinq, peuvent être employés; ce sont :

1° Le collodion ammoniacal ferrugineux ;

2° Le collodion argentifère ammoniacal au fluorure de potassium;

3° Le collodion mixte;

4° Le collodion argentifère ammoniacal ferrugineux;

5° Le collodion simple.

Dans les solutions, ayez soin de verser les
produits dans l'ordre où ils sont placés.

Collodion du commerce.

Prenez du coton-poudre tel que nous l'avons
préparé, chapitre II, page 12, ou bien encore
tel qu'on le rencontre chez les pharmaciens et
les fabricants de produits chimiques, versez
dessus de l'éther rectifié en saturation, et mettez environ 3 pour 100 d'alcool à 40° : soit
150 grammes d'éther et 5 environ d'alcool à
40°. Ce collodion sert à former le collodion
photographique dont suit la composition.

Collodion photographique.

Pour obtenir le collodion photographique,
prenez du collodion du commerce qui précède
et formez la solution suivante :

Collodion du commerce (indiqué ci-
dessus). . . . .   260 gram.
Ether rectifié..   180
Alcool à 40°.   100

Pour composer les quatre collodions propres à être employés, l'artiste doit faire auparavant les quatre solutions suivantes et les mettre chacune dans un flacon. Il peut les faire préparer par un fabricant de produits chimiques, mais en conservant toujours les proportions que nous indiquons.

SOLUTION N° I

(dite iodure alcoolique d'ammoniaque).

Iodure d'ammoniaque. . .   8 gram.
Eau distillée.   10
Alcool à 40°.   8

SOLUTION N° II

(dite iodure alcoolique de fer).

Iodure de fer. . . . .   4 gram.
Alcool à 40°.   10

SOLUTION N° III

(ou fluorure de potassium ioduré).

Fluorure de potassium. . .   8 gram.
Eau distillée.   10
Iodure de potassium. . . .   1/2

SOLUTION N° IV

(ou iodure alcoolique de potassium).

Iodure de potassium. . . . 22 gram.
Eau distillée. 15
Alcool à 40°. 15

SOLUTION N° V.

L'artiste doit encore avoir à sa disposition un flacon d'iodure d'argent liquide, ou solution n° V.

Lorsque toutes ces solutions sont terminées, si, avant de se servir du collodion photographique, vous voulez en reconnaître la qualité, versez-en quelques gouttes sur une glace nette, mais non polie. S'il ne s'étend pas facilement, il est trop épais ; si, au contraire, il s'étend trop vite, il ne l'est pas assez. Quand le collodion est trop épais, ajoutez de l'éther et de l'alcool jusqu'à ce que vous ayez obtenu le degré de liquidité qui vous convient.

Passons maintenant aux collodions dans la

composition desquels entre le collodion photographique ; ils sont au nombre de quatre ; les voici :

N° 1. Collodion ammoniacal ferrugineux.

Collodion photographique (indiqué ci-dessus).......... 30 gr.
Solution n° 4. Iodure alcoolique de potassium.. 10 gout. ou 1/2—
 —   n° 5. Iodure d'argent liquide........ 20   —   1 —
 —   n° 1. Iodure alcoolique d'ammoniaque 9   —   1/2 —env.
 —   n° 2. Iodure alcoolique de fer....... 9   —   1/2 —env.

  Ce collodion est propre à être employé.

N° 2. Collodion argentifère ammoniacal au Fluorure de potassium.

Collodion photographique........... 30 grammes
Solution n° 1. Iodure alcoolique d'ammoniaque..... 2 —
 —   n° 5. Iodure d'argent liquide.............. 1/2 —
 —   n° 3. Fluorure de potassium ioduré........ 4 gouttes.

  Ce collodion est propre à être employé.

N° 3. Collodion mixte composé avec les premiers.

Collodion photographique........... 30 grammes.
Solution n° 4. Iodure alcoolique de potassium....... 15 —
 —   n° 5. Iodure d'argent liquide.............. 50
 —   n° 2. Iodure alcoolique de fer.............. 6 —

  Ce collodion est propre à être employé.

Nº 4. Collodion argentifère ammoniacal ferrugineux.

Collodion photographique.   30 gr.
Solution nº 2. Iodure alcoolique de fer..   1 — 1/2 env. ou 24 gout.
— nº 1. Iodure alcoolique d'ammoniaque........   1/2 —
— nº 5. Iodure d'argent liquide..................   6 —
Ce collodion est propre à être employé.

C'est à ces quatre collodions que nous donnons la préférence. Voir, pour le collodion nº V, le chapitre XV, page 47.

Comme on ne se sert pas de solutions tout à fait semblables pour sensibiliser la glace, faire sortir l'image et fixer l'épreuve pour les quatre collodions précédents et pour le collodion simple, nous renverrons à la fin le cinquième collodion et tout ce qui s'y rapporte.

CHAPITRE XII.

Que l'opérateur se rappelle bien que cette solution et les suivantes ne sont applicables qu'aux quatre collodions ci-dessus désignés.

Lorsque la glace a reçu la couche de collodion, on la transporte dans une cuvette inclinée; dans la partie haute on place la glace, et dans la partie inférieure on verse la solution sensibilisatrice suivante, que l'on fait venir sur la glace en abaissant la cuvette, comme nous l'avons expliqué chapitre IV, page 20.

SOLUTION SENSIBILISATRICE.

Eau distillée. . . . .   250 gram.
Nitrate neutre d'argent. .   16

CHAPITRE XIII.

Solution pour faire sortir l'épreuve négative.

Lorsque la glace est retirée de la chambre noire, pour faire sortir l'épreuve, plongez-la dans une cuvette contenant :

SOLUTION N° I.

Proto-sulfate de fer. . . . .   35 gram.
Eau distillée.   250
Acide sulfurique.   6

Dans le cas où l'on n'emploierait pas la solution précédente, elle peut être remplacée par la solution n° II.

SOLUTION N° II.

Eau distillée. . . . .   125 gram.
Acide pyrogallique. 1/4

Cependant nous préférons nous servir de la solution de protosulfate de fer.

CHAPITRE XIV.

Lorsque l'épreuve est bien sortie, pour la fixer on se sert de la solution ci-dessous :

Hyposulfite de soude { tant que l'eau distillée en peut dissoudre.

Plongez l'épreuve dedans et l'y laissez de huit à quinze secondes environ, lavez à grande eau, de manière cependant à ne pas enlever la couche de collodion, et mettez-la debout sur un angle pour la faire sécher.

Si l'on veut avoir une réussite complète, il ne faut rien changer aux solutions et les suivre dans l'ordre où nous les avons indiquées.

Notez bien que tant que l'on ne se sert pas des collodions, ils doivent occuper un endroit frais, et avoir été décantés avant leur emploi.

CHAPITRE XV.

Collodion simple.

Que le lecteur ne perde pas de vue que les solutions indiquées dans ce chapitre ne regardent que le collodion simple.

N° V. Versez dans un flacon :

Ether sulfurique. . . . . . 100 gram.
Coton poudre bien sec et
    préparé comme il a été dit
    chapitre II. 2
Alcool à 34°. 65

Agitez le mélange pendant quatre à cinq minutes, faites-le passer à travers un linge, et conservez-le dans un flacon à l'émeri, à large ouverture. Le collodion ainsi préparé est un peu faible. Pour s'assurer du degré de solubilité du coton-poudre, il est bon de faire quelques essais avant de s'en servir.

Si la quantité de coton est trop considérable,

le collodion sera trop épais; si elle est trop faible, il sera trop liquide.

Il est utile d'avoir à sa disposition un collodion plus épais, ce qui est facile en ajoutant dans la solution précédente une certaine quantité de coton-poudre en rapport avec le degré d'épaisseur qu'on veut atteindre et la plus ou moins grande ténuité qu'on lui veut donner. Le collodion le plus épais sert à donner de la consistance à celui qui n'en a pas suffisamment.

Le collodion, jusqu'ici, n'est pas photographique ; pour lui donner ces qualités, il suffit d'y ajouter la solution d'iodure d'argent ci-dessous :

1re Solution, Eau distillée. . . . .   70 gram.
    Nitrate neutre d'argent que vous versez dans la suivante.   8
2e Solution , Eau distillée.   70
    Iodure de potassium. . . .   4

La première solution doit être versée très doucement sur la deuxième. Au moment de la réaction, on obtient de l'iodure d'argent, sa couleur est jaune, il se condense au fond du vase, on le couvre d'une certaine quantité d'eau et on le verse ensuite dans un filtre en papier. L'eau une fois écoulée, pour lui faire subir un dernier lavage, on verse sur l'iodure d'argent de l'alcool à 34°, puis on retire du filtre, au moyen d'une cuiller ou spatule, l'iodure d'argent encore humide, pour le faire dissoudre dans une solution d'alcool à 34° saturée d'iodure de potassium; il faut agiter fortement et promptement. Lorsque la solution est bien saturée, on la laisse reposer pendant quelques heures, on peut s'en servir.

Pour saturer l'alcool, dans le flacon qui le contient on met de l'iodure de potassium bien broyé. Si, après avoir bien agité le flacon, il en reste au fond, l'alcool est suffisamment saturé.

Pour dissoudre l'iodure d'argent, qui doit être employé humide, comme nous l'avons dit plus haut, il suffit de décanter la partie supérieure.

Nous avons vu que la solution d'iodure d'argent donnait à la couche de collodion plus de sensibilité; pour l'augmenter encore, on ajoute une solution saturée d'iodure de fer, c'est-à-dire que l'on emploie la solution suivante :

Solution alcoolique d'iodure d'argent. . . 25 gr.

Collodion préparé comme il est dit au commencement de ce chapitre. 75

Si on le juge convenable on ajoute :

Solution d'iodure de fer. 8

On remue le tout cinq à six minutes et on laisse reposer le liquide de dix-huit à vingt-quatre heures ; au bout de ce temps, il doit être limpide ; on décante la partie la plus claire et on la renferme dans un flacon bouché à l'émeri. Le collodion est prêt à être étendu sur la glace ; sa couleur est jaune clair citron ; la solution d'iodure de fer lui donne une couleur plus foncée.

Avec le collodion simple, la solution avec laquelle l'artiste sensibilise la glace est celle-ci :

Eau distillée. . . . . 120 gram.

Nitrate neutre d'argent. . . . 9

Au sortir de la chambre noire, la première opération consiste à faire apparaître l'image, et pour cela plusieurs solutions sont mises en usage.

1° La première est la solution suivante :

Eau distillée. . . . . 170 gram.
Acide pyrogallique   1
Acide acétique cristallisable.   24

A laquelle on ajoute :
Eau distillée.   65
Nitrate neutre d'argent. . . .   1

2° On se sert également avec succès de l'acide gallique préparé à la chaleur solaire et non au bain-marie, et comme l'épreuve met avec cet acide quelques instants de plus à se développer que dans la solution première, pour accélérer sa sortie, on ajoute trois ou quatre gouttes de la solution suivante :

Eau distillée. . . . . 100 gram.
Nitrate neutre d'argent.. . .   8
Acide acétique.   10

3° Si l'on emploie l'acide pyrogallique, l'image apparaît presque instantanément.

Pour fixer l'épreuve négative, on la plonge dans une solution saturée d'hyposulfite de soude, comme pour les quatre premiers collodions.

CHAPITRE XVI.

Conclusion.

Fixer exactement le dosage des composi-tions pour le collodion est presque impossible, attendu que le coton se dissout par trop inéga-lement; l'habitude que l'artiste peut avoir de faire des préparations lui est d'un grand se-cours.

Surtout il est deux choses qu'il faut bien se garder d'oublier :

1° Que le collodion ne soit pas trop liquide, et qu'il ne soit pas non plus trop épais ;

2° Qu'il ne conserve pas quelques petits fila-ments de coton ; pour parer à cet inconvé-nient, on le fait passer à travers un linge pour l'en débarrasser, et il devient ensuite très facile de l'étendre sur la glace. Nous avons vu les proportions d'éther et d'alcool qu'il fallait em-ployer.

Il peut arriver que l'artiste verse trop de col-

lodion sur la glace ; quelques-uns prétendènt
qu'il faut verser l'excédant dans le flacon; cetté
solution étant peu chère, il vaut mieux la perdre que de s'exposer à gâter le reste du collodion qui se trouve dans le flacon.

Le collodion se vend de 3 à 5 fr. le flacon, et
on peut avec un seul préparer un nombre assez
considérable de glaces. Comme il se trouve peu
de personnes disposées à accorder à la préparation du coton-poudre et du collodion les soins
et le temps nécessaires, pour qu'elles ne se
voient pas cependant privées de compositions
parfaitement préparées, elles trouveront toujours au bureau de notre journal, Palais-Royal,
galerie de Valois, 116, des flacons de collodion,
et, en général, tous les produits et instruments
en usage dans la photographie.

Pour un artiste rempli de goût, et qui veut
donner à son travail tous les soins nécessaires
pour obtenir des épreuves d'une supériorité
marquée et contenter un public souvent assez
difficile, il ne doit négliger absolument rien ; il
lui faut descendre dans les moindres détails s'i

veut atteindre un degré voisin de la perfection.
Il n'en est pas de la photographie comme de ces
milliers de positions qui se partagent la société;
un fait oublié, telle ou telle chose omise ne
causent pas un préjudice bien considérable à
celui qui en est l'auteur; mais que le daguerréo-
typiste ou le photographe, soit volontairement,
soit par irréflexion, négligent de satisfaire même
à une faible exigence de leur art, bientôt ils
seront les victimes de leur oubli, et ils auront
fait tourner contre eux-mêmes une arme qui ne
semblait pas devoir les atteindre. Ce n'est cependant pas là ce que pensent un certain nombre d'artistes, surtout ceux qui entrent dans le
daguerre; ils semblent repousser comme faux
ce qu'on leur avance, et ce n'est que plus tard
que, par expérience, ils sont convaincus de tout
ce qui leur a été prédit.

Aussi est-ce pour les prémunir contre tous les
accidents qui doivent leur arriver, que nous
leur faisons une foule de réflexions qui ne leur
laissent rien d'imprévu, qui leur donnent les
moyens de remédier à tout et d'aller au-devant

de tous les malheurs qui ne surviennent que trop souvent.

Il est un point essentiellement important dans la photographie sur collodion, et qui est d'un grand poids pour le succès et la réussite d'un opérateur; ce point, que l'on pourrait négliger beaucoup, consiste à prendre les plus grandes précautions dans le choix et le polissage de la glace. Autrefois nous insistions sur le choix de la plaque d'argent dans le plaqué, sur les soins à donner au choix du papier dans la photographie sur papier; aujourd'hui nous n'avons changé que la matière sans pour cela changer notre manière de voir , et ce que nous disions du poli de la plaque, nous le disons encore du poli de la glace; que la substance sur laquelle doivent agir les produits chimiques, soit plaqué, soit papier, soit glace, renferme des défauts, n'espérez pas en tirer un parti bien avantageux. Qu'un papier soit beau , qu'une glace ou une plaque d'argent soit bien polie et dépourvue de défauts, le portrait pour nous est à moitié assuré; c'est cependant ce que les trois quarts des polisseurs comprennent avec peine, parce que,

pour eux le résultat est presque insignifiant, et
ils le comprendraient facilement s'ils étaient
à la place de l'artiste. Gardez-vous donc bien
de vous servir d'une glace criblée de milliers
de petits points ou bien d'une foule de bulles ;
un court examen n'est pas chose si difficile pour
qu'il soit négligé, et ce n'est pas impunément
que l'on s'abstient de tous ces riens qui traînent
toujours le châtiment après la faute. Après le
choix de la glace, le poli ne doit rien pardon-
ner ; entre deux maux, une glace mal choisie
ou une glace mal polie, le premier cas, ce nous
semble, serait encore préférable.Les corps gras
surtout sont la mort de l'artiste ; il obtient souvent un portrait merveilleux, et ce portrait lui
apparaît traversé par une large traînée qui le
force à répudier un portrait d'une réussite achevée ; il faut donc, avant d'introduire la glace
dans la boîte destinée à conserver les plaques
jusqu'au moment où l'artiste devra s'en servir,
être bien sûr qu'elle offre la plus grande pureté
et qu'elle est exempte de tous les défauts qui
entravent sans cesse la réussite. Pour la poussière, il est une précaution que l'on ne doit pas

négliger : c'est, avant de verser le collodion sur le plateau, de l'enlever avec un blaireau, ainsi que les corps étrangers qui pourraient s'y être déposés.

Un grand nombre d'artistes, peu habitués à se livrer aux manipulations chimiques, laissent quelquefois tomber sur leurs mains quelques gouttes des produits; ces produits forment taches sur la peau et laissent de leur passage des traces assez désagréables et que l'on a peine à faire disparaître complétement, même en employant des réactifs. Pour y remédier, nous conseillons aux opérateurs peu habiles, lorsqu'ils font leurs préparations, de se couvrir les mains de gants vieux et usés, qui ne permettent pas aux produits (le nitrate d'argent par exemple) d'être mis en contact avec l'épiderme ou la peau superficielle des personnes qui les emploient. Evidemment nous ne donnons pas ce fait comme obligatoire, mais qu'un artiste soit appelé dans une société quelconque, il s'y rendra avec peine, si ses doigts sales et noirs témoignent par écrit que naguère encore ils étaient en contact avec

les substances chimiques. Bien qu'il n'y ait pas
là déshonneur, parce que c'est la conséquence
de l'art qu'il pratique ; bien qu'il n'ait pas à
rougir si sa peau n'offre pas la blancheur requise
par les lois de la propreté et des convenances,
il n'en est pas moins vrai qu'il y aura néanmoins
pour lui gêne et embarras ; il peut donc y porter
remède en usant des moyens aussi simples que
faciles que nous lui avons indiqués précédemment, et qu'un moment de réflexion aurait suffi
pour lui suggérer.

L'iodure de potassium, à la vérité, est un
réactif employé par quelques artistes, mais sa
puissance n'est pas telle, qu'après son passage
il ne soit pas facile de constater encore bien ac-
cusée la présence des produits ; il vaut mieux
ne pas avoir à mettre les réactifs en usage ; non-
seulement, sous leur influence, les taches ne dis-
paraissent pas radicalement, mais encore ils
enlèvent à la peau une partie de sa sensibilité.

Propreté dans la plaque, propreté chez l'opérateur, deux qualités que nous avons exigées
précédemment. Mais il est encore un lieu où nous

devons la rencontrer, cette propreté: c'est dans le laboratoire de l'artiste, dans le cabinet où il prépare sa glace; et voici ce que nous lui conseillons de faire avant de la collodionner.

Trois quarts d'heure ou une heure avant d'apposer le collodion sur la plaque de verre, il agira prudemment si, après avoir fortement arrosé la chambre ou cabinet qui lui sert de laboratoire, il la nettoie entièrement; et si, au moment de collodionner la glace, il ne reste aucune poussière en mouvement.

Que cette poussière s'attache sur la glace à sec, évidemment c'est un fait très regrettable, mais le remède peut encore y être apporté, puisque, avons-nous dit précédemment, on l'enlève avec un blaireau; mais qu'elle se dépose sur le collodion lui-même, vous avez perdu poli, collodion, temps et portrait; car le collodion, en se séchant ou en se condensant, gardera ces taches de poussière, dont quelques petits points noirs sémés çà et là sur l'image trahiront la présence.

Les flacons aux produits, eux aussi, réclament

la plus grande netteté ; ils ne doivent conserver aucune humidité quand on y introduit les substances chimiques ; quelques-unes d'entre elles, mises en présence de l'eau, étant susceptibles de perdre leurs propriétés ; et il est facile de les conserver parfaitement intactes. Nous recommandons donc à l'artiste, dans son laboratoire, deux qualités que nous pourrions appeler fondamentales : ordre et propreté.

Pour les solutions que l'on ne doit pas jeter après leur emploi, il est bien de ne pas les verser dans leur flacon aussitôt après s'en être servi, mais bien les filtrer. L'hyposulfite de soude qui sert à fixer les épreuves, par exemple, rentre dans ce cas. Inutile de nous arrêter plus longtemps sur toutes ces considérations ; il nous reste encore à dire deux mots sur le collodion. Il s'agit d'un point de la plus haute importance pour l'artiste. S'il se sert d'un collodion fraîchement préparé, cette substance offrant toutes les conditions favorables à une bonne réussite, l'opération marchera assez rapidement, comme nous l'avons vu dans le cours de cet ouvrage. Mais que quelques jours après il veuille employer le même collodion, et agir pendant le même temps à la chambre noire , son collodion ne remplira plus alors le but sur lequel comptait l'artiste, but qu'il avait le droit d'attendre, puisque peu de temps auparavant il avait parfaitement réussi. Mais examinons un peu ce qui s'est passé depuis que nous n'avons employé le collodion. Parmi les substances employées à sa préparation, il en est une qui s'évapore excessivement vite, je veux dire l'éther; l'éther, comme nous l'avons vu, sert à rendre le collodion liquide; partant de ce principe, il est facile de conclure que l'éther, en s'évaporant, diminue, et, par suite, le collodion devient plus épais à mesure que l'éther, par son évaporation, devient moins considérable; nous avons dit dans un des chapitres du commencement de cet ouvrage, que plus la couche de collodion était mince, plus elle était sensible; il suit de là, que le collodion étant moins liquide par suite de l'évaporation de l'éther, la couche étendue sur la glace est plus épaisse, et conséquemment présente moins de sensibilité ; aussi l'exposition à la chambre noire est-elle devenue plus longue.

Ramener le collodion à son état normal ou premier, lui rendre ses propriétés est donc le point capital pour l'artiste; car s'il fallait jeter le collodion, la perte qu'éprouverait un artiste, souvent peu aisé, chaque fois qu'il lui faudrait opérer, le temps à donner à une nouvelle préparation, les soins à y apporter, seraient un travail véritablement fastidieux; aussi allons-nous le faciliter et l'abréger en lui fournissant le moyen de rendre à cette substance ses qualités premières.

Quand un collodion, par suite de l'évaporation de l'éther, est devenu impropre à la formation d'une épreuve, pour le ramener à son état primitif, il suffit d'ajouter de l'alcool à 40° et de l'éther, jusqu'à ce qu'il ait atteint un degré de liquidité satisfaisant; il est bon cependant d'y ajouter quelques gouttes de la solution qui en est la base, suivant que cette solution est de l'iodure d'argent, de l'iodure de fer, de l'iodure d'ammoniaque, etc.

Le collodion, redevenu liquide, peut être employé comme précédemment.

Les flacons destinés à contenir le collodion doivent être bouchés à l'émeri et non avec le liége : cette dernière substance étant trop poreuse, laisse une sortie trop facile aux vapeurs de l'éther qui s'exhalent continuellement du collodion.

Pour déboucher un flacon, il arrive souvent que l'on n'en vient à bout qu'avec peine, et souvent même on le casse; il est cependant un moyen bien simple, il suffit de verser quelques gouttes de suif entre le bouchon et l'ouverture du flacon, soumettre son goulot à la chaleur d'une lampe à alcool ou d'une bougie, deux ou trois fois si besoin en est, on le débouche ensuite très facilement.

Ces conditions, simples en apparence, sont cependant d'un usage continuel; chaque jour on est appelé à en faire l'application.

TABLE DES MATIÈRES.

Préface..   5

Chapitre   I. Polissage de la glace.   9

—   II. Du coton-poudre. 13

—   III. Collodionner la glace. 16

—   IV. Sensibiliser la glace. 20

—   V. Exposition à la chambre noire. . . . 25

—   VI. Faire paraître l'épreuve négative. . 27

—   VII. Fixer l'épreuve négative. 29

—   VIII. Épreuve positive sur papier. 30

—   IX. Épreuve positive sur verre, ou changement de la négative en positive. . 35

—   X. Vues, paysages, monuments. 37

—   XI. Composition des différents collodions. 38

—   XII. Solution sensibilisatrice. 44

—   XIII. Solution pour faire sortir l'épreuve négative.. 45

—   XIV. Fixateur. 46

—   XV. Collodion simple. 47

—   XVI. Conclusion. 52

www.ingramcontent.com/pod-product-compliance
Ingram Content Group UK Ltd.
Pitfield, Milton Keynes, MK11 3LW, UK
UKHW022143070726
13613UKWH00003B/1406